Edition : BoD - Books on Demand
12/14 rond-point des Champs Elysées
75008 Paris
Imprimé par BoD – Books on Demand, Norderstedt, Allemagne
ISBN : 9782322032181
Dépôt légal : Novembre 2013

De l'incompétences des peuples en démocratie

Du même auteur

Complainte d'une femme mariée, BOD, 2009

L'atéchisme, BOD, 2010

Prendre le Maquis, BOD, 2011

Elections 2012, abstention ou complicité ? BOD, 2012

Dictionnaire sans prétention de l'économie prétentieuse, BOD 2012

Le mensonge de Marie, BOD, 2013

Camille Case

De l'incompétence des peuples
en démocratie

A tous les peuples

La démocratie est l'affaire des peuples mais qu'ont-ils fait de cette affaire ?

"Peuple" ici n'est pas une vague appellation qui désignerait un amas informe de gens quelconques, sans passé, sans présent, sans futur mais bien une assemblée de citoyens qui détermine son destin.

Le peuple est-il composé de citoyens ?

Une carte d'identité est un indice, elle indique une possible citoyenneté, personne n'est citoyen du fait de son appartenance à une nation mais bien du fait de sa contribution à la vie de cette nation quelle que soit cette contribution.

On ne naît donc pas citoyen, on le devient !

Tu feras "S" mon enfant !

Naître dans un pays, hériter de son passé qu'il ait été sombre ou glorieux, voir en lui son avenir ; cela s'apprend. L'école républicaine, comme on dit, pour éviter de dire ce qu'elle est réellement, l'école républicaine donc a failli. Elle prépare nos enfants à l'emploi, elle les forme pour être des producteurs et des consommateurs et ce ne sont pas quelques retouches de morale civique qui changeront la teneur de l'enseignement. L'école prépare nos enfants pour les donner en pâture à l'économie, chair à canon pour la guerre économique mondialisée passant par perte toute préparation à la vie de citoyens responsables.

La seule expérience de nos enfants est celle des linéaires et des rayons.

"Tu feras S mon fils !" Le sort en est jeté et "tu ne seras jamais un Homme."

Jetés dans la communauté après de longues ou de courtes études et souvent sans études, que savent nos enfants ? Lire, écrire, compter ; si ces savoirs étaient acquis seraient-ils suffisants pour vivre en Homme dans la nation ? La seule ambition de l'école est l'employabilité des rejetons et les chances qu'ils auront d'être broyés soit par le chômage soit par l'entreprise ; pour la guerre on prépare des soldats.

Nos enfants savent-ils comment naquit notre nation ? Connaissent-ils les principes constitutionnels qui président à notre vie ensemble. Sont-ils conscients de ce qu'est la citoyenneté, de ses droits et devoirs ? Ont-il appris les principes fondateurs de notre république après la dernière grande catastrophe mondiale ?

La nouvelle grande école est celle de la consommation : apprendre à choisir entre tel ou tel forfait téléphonique, être informés des dernières trouvailles technologiques pour changer encore et encore d'outils au nom d'une performance qui fait l'être performant.

A 18 ans, âge où je vais pleinement exercer ma citoyenneté, aurai-je appris à penser par moi-même ? Serai-je capable d'émettre des jugements argumentés et non des opinions faites sur-mesure ? Serai-je en mesure de discerner les faits de ce qu'on en pense ? Aurai-je appris les codes qui me permettront de ne pas laisser la complexité du monde aux experts ? Ou bien, serai-je finalement entièrement occupé par la dernière "appli" qu'il faut télécharger sur le dernier modèle de téléphone que je me dois de détenir au nom de l'impératif des tendances ?

Nos enfants sont devenus ce pour quoi ils ont été formés. Ils sont dorénavant le peuple souverain qui décide de son destin en ignorant tout de ce qui fait la souveraineté.

Quand les vaches ne regardent plus passer les trains

Légers avec le monde, légers pour le parcourir, nos regards ne s'attardent plus sur lui. Nous passons et ne faisons que passer, sans rayer la glace, sans trace, emmenés par la vitesse d'un point à un autre sans autre considération que ces deux points. Rien entre l'origine et la destination, rien entre la naissance et la mort sinon qu'il convient de vite s'y rendre. Dans nos yeux à très grande vitesse, tout défile échappant à notre compréhension, fuyant notre curiosité nous laissant vides au bout du voyage. Les vaches, indifférentes à notre passage, paissent ; nous ne sommes même plus remarquables. Souhaitons qu'elles ne sauront jamais qu'elles finiront nappées de sauce verdâtre entre deux tranches de mie sans saveur ; nous n'avons pas le temps de la saveur.

La citoyenneté ce devrait-être du temps à considérer les choses, à apprendre à les connaître pour les comprendre, à les toucher pour qu'elles nous fassent quelque chose. Rien n'est moins tactile qu'un tablette quant il s'agit de frotter l'esprit et l'épiderme aux choses du monde. Ce rapport charnel est dématérialisé nous laissant au monde dans une bulle d'images dénuées de toute signification ; s'il n'y a rien à comprendre, pourquoi comprendre ?

La vitesse nous détache d'un passé qui se confond dans l'Histoire. L'Histoire est trop lointaine, nous est trop étrangère pour nous dire quelque chose et nous risquons de la reproduire dans toute son horreur. La vitesse nous précipite vers un futur et réduit le temps de la réflexion à l'émission d'une opinion et le temps de la décision à celui de la réaction.

Nous ne somme pas des citoyens, nous sommes des clients en transit entre deux marchandises, épousant la rapidité nihiliste comme ultime preuve existentielle. Nous remettons alors nos destins de clients aux marques et abandonnons l'intelligence du doute aux experts. Certes, nous sommes navrés du résultat mais le coupable est trouvé, celui pour qui nous avons voté ; coupable de notre désintérêt, coupable de notre manque de réflexion, coupable de nos petites turpitudes et de nos grandes lâchetés. Le représentant du peuple est comme le peuple, il ne sait pas être citoyen. Les vaches peuvent poursuivre leur rumination, les hommes sont en déshérence et les peuples n'attirent plus le regards des ruminants.

Les élus de petite vertu

Ils n'en sont pas les représentations mais ils sont à l'image de l'air du temps. Des pans entiers de l'économie ont été dérégulés, la morale des affaires a subi le même sort. Les lions ont été lâchés et investissent désormais l'ensemble des pouvoirs de la démocratie, détournant le sens de l'intérêt général vers les intérêts privés avec la complicité active de quelques élus. Les grandes et les petites combines, les influences des puissants, la chute vertigineuse de l'éthique vers les bas-fonds mafieux, l'appât du gain, déchéance de la vertu sous le regard du votant ; et pourtant il vote.

Nous votons par devoir pour des femmes et des hommes qui ont oublié le leur. Ils ont été condamnés, ils ont commis des malversations, qu'importe ; nous votons ! Notre vertu comme la leur a été oubliée dans le cartable de notre enfance. Nous ne sommes plus équipés des outils éthiques propres à discerner le bon du mauvais. Nous avons laissé au champ individualiste le souci du collectif et celui de l'autre. Nous en sommes arrivés à admirer les voyous, parce qu'ils ont réussi de cette réussite qui clinque, seule distinction contemporaine qui mérite bien de rougir la boutonnière.

Ce qui nous choque, ce n'est pas la déliquescence de notre jugement, ce n'est pas la médiocrité de nos vies, ce n'est pas notre incompréhension devant un monde complexe aux dires des experts ; non, plus rien ne nous choque. Comment être choqués quand nous n'avons pas appris à l'être ?

Nos représentants sont ce que nous sommes, ils en sont l'émanation et nous nous plaignons, tentant ainsi d'effacer de nos miroirs notre propre reflet. C'est bien nous cet homme qui tient les propos creux concoctés par des communicants qui font également les campagnes de promotion des marchandises ; consommateur et électeur abêtis, voilà ce que nous voyons dans la glace. Nous, comme nos représentants, sommes des commentateurs de ce qui nous arrive, comme si nous n'étions plus là, comme si la vie était une émission de télévision dite de "réalité". Le commentaire est l'expression de l'ignorance dans laquelle nous sommes. Nous commentons avec les mots des autres, nous n'avons plus les nôtres, disparus avec nos cahiers de vocabulaire. Nous n'avons pas appris à penser par nous-mêmes et ne savons plus construire la réponse à une question. Notre réponse est copiée puis collée. Ne parlons pas de doute, origine de l'intelligence, signe de faiblesse dans ces certitudes qui, à force d'être répétées, deviennent nos vérités. Nous ne doutons pas, nous suspectons ; nous ne doutons pas, nous obéissons ; nous ne doutons pas, nous croyons.

Plus rien ne nous choque, plus rien ne nous concerne, plus rien ne nous interroge ; sauvons ce qui peut être sauvé : ma femme, mon mari et mes enfants d'abord.

Notre incompétence

Elle réside dans notre ignorance et dans notre incapacité à construire des savoirs et à les utiliser pour comprendre notre monde et conduire nos destins. Telle est notre incompétence,

L'incompétence consiste à porter au pouvoir des femmes et des hommes incompétents, comment les juger autrement à la lumière du proche passé ?

Les législateurs ont voté des lois qui nous ont conduits au bazar général, à la chienlit mais nous les reconduisons à leur poste. Ils ont démantelé le bien public et il semble que nous en soyons heureux puisque nous les élisons à nouveau. Ils ont donné notre pouvoir à des institutions et nous acquiesçons en les nommant à nouveau. Ils ont fait preuve d'incompétence et en cela, nous nous retrouvons en eux.

La démocratie périclite parce que le peuple est incompétent. C'est l'incompétence du peuple allemand qui porta le nazisme au pouvoir. Il faut relire les déclarations des dirigeants de cette idéologie pour comprendre combien le peuple a abandonné tout jugement et s'est jeté dans une aventure qui contenait en elle-même l'horreur et sa destruction certaine.

Inconscients des forces qui sont à la manœuvre, nous nous contentons des os qu'on nous jette pour les ronger et retourner à la niche : Faut-il augmenter le prix du tabac ? Faut-il réduire la vitesse sur les routes ? Faut-il changer l'entraîneur de l'équipe de France de football ? Qui va gagner le radio-crochet ? On prend soin de demander notre avis sur les ondes. On nous balade ! Ces sujets « fondamentaux » nous occupent, nous mobilisent, nous promènent mais disposons-nous des savoirs qui nous permettraient d'appréhender des sujets autrement plus importants pour notre avenir ?

Nous vivons, dans notre chair, l'injustice qui nous est faite au nom d'une économie toute-puissante mais disposons-nous des mots pour l'exprimer et du savoir pour la comprendre ? Sans compréhension et sans expression, le risque est la soumission silencieuse à des pouvoirs qui dépassent notre entendement « que nous avons fait grandir ». Le risque à ne rien comprendre c'est l'exigence d'une victime expiatoire pour dissimuler, derrière nos vociférations haineuses, notre médiocrité.

Celles et ceux que nous avons élus se soumettent de la même façon aux mêmes forces, incapables qu'ils sont de comprendre le monde ou alors ils attisent les haines pour mieux dissimuler leur incompétence. La démocratie périt parce que ni eux, ni nous ne sommes citoyens.

Nos enfants ne sont pas nous

Regardez ces jeunes êtres, considérez qu'ils peuvent réussir ce que nous avons échoué. Donnez-leur l'envie de connaître, dites-leur que leur avenir dépend d'abord d'eux-mêmes, rappelez-leur qu'ils sont héritiers d'une histoire qu'eux-seuls poursuivront. Apprenez-leur le doute et la capacité de se forger un jugement qui leur soit propre. Ne gâchons pas nos enfants.

Il faut avoir du courage pour privilégier le bonheur de nos enfants à leur hypothétique carrière ; ce sera peut-être la seule fois où nous aurons fait preuve de courage. N'écoutons plus les chantres de la productivité et pensons d'abord à ces jeunes âmes qui devront inventer une autre manière de vivre ensemble que celle dont la seule règle est la sauvagerie.
Apprenons-leur la liberté, celle qui consiste à penser par soi-même ; l'autonomie du jugement, la construction de ses propres valeurs.
Apprenons-leur l'égalité, celle du droit, celle qui dit que l'injustice est hors la loi.
Apprenons-leur la fraternité, celle qui nie la compétition au profit de l'entraide, celle qui crée des solidarités qui cimentent les collectivités humaines.

Point n'est besoin de drapeaux ou de défilés militaires pour que naisse le sentiment d'appartenir à une communauté. C'est parce que nos enfants auront appris que c'est à eux que revient la tâche de se construire un destin commun qu'ils vivront cette appartenance sans rituels ni symboles vidés de leur sens.

Nous n'avons pas su refuser le monde que nous ne voulions pas, notre exemple n'est pas enseignant ; il nous reste à éveiller l'intelligence de nos enfants pour qu'ils fassent ce que nous n'avons pas su faire, il nous reste à en faire des Hommes.

Tout est prétexte pour cultiver le savoir de nos enfants, le livre, le journal, les devoirs, l'émission télévisuelle. Il s'agit de profiter de chaque opportunité du quotidien pour construire le doute, la curiosité, l'envie. Ces moments volés aux habitudes domestiques sont à chaque fois une occasion d'apprendre à forger un jugement autonome, à développer la capacité de discerner, à acquérir l'immense pouvoir de penser par soi-même.

Remiser les caddies

Toutefois, nous pouvons, sans attendre la génération suivante, investir à nouveau notre rôle de citoyen.

Nous savons depuis plus d'un demi-siècle l'incompétence de nos dirigeants qui ont maltraité la nation au point que la situation présente est très périlleuse. Notre devoir de citoyen est de ne pas reconduire ces femmes et ces hommes au pouvoir sinon c'est l'ensemble des citoyens qui devront assumer le sort funeste de la nation.

Pour autant, ne cédons pas aux idées simplistes et pour cela cultivons nos savoirs pour discerner dans le fatras des discours ce qu'est la réalité et ce qu'elle n'est pas. Notre carence "citoyenne" réside dans notre incompréhension face à ce qui nous arrive, non pas parce que c'est complexe, mais parce que nous ne sommes pas curieux. Si nous ne sommes pas curieux c'est que notre attention est détournée par toutes sortes de sollicitations incultes à vocation marchande. C'est tout le piège qui nous est tendu. Notre vie s'écoule dans les rangs des linéaires, à la recherche d'une satisfaction immédiate proche de la prédation. Notre pensée est aspirée par la vulgarité et l'insignifiance.

Cultivons le doute et particulièrement quand nos dirigeants nous assènent, au nom de la complexité du monde, qu'il n'y a pas d'alternative, que nous sommes condamnés à "l'effort" pour sortir des crises qui ne finissent pas. Reprenons nos esprits et observons attentivement les situations afin des les comprendre pour qu'elles ne nous dominent pas.

Il convient d'abord de nous préserver de la bêtise et de la propagande. Fermons définitivement les téléviseurs avant que l'obligation de la regarder ne soit promulguée. Dans ce silence soudain revenu, allumons le feu de notre cheminée avec quelques hebdomadaires qui n'auront plus que cette utilité pour échauffer nos esprits et y découvrir nos fureurs salvatrices. Pour en faire bon usage, allons chercher dans les textes, dans l'histoire, dans la vie de ceux qui ont vécu avant nous les savoirs afin de les mettre au service de notre envie oubliée de citoyenneté. Interrogeons l'absence d'alternative pour apercevoir la sottise d'une telle absence. Interrogeons les contraintes qui seraient incontournables et contournons-les. Quand nous changeons de point de vue, nous changeons le monde.

Un monde sans nous

Un monde sans nous émerge insensiblement, avec notre consentement peu éclairé : l'Europe ; communauté sans frontières, sans rituels de liens, sans projets, conduite par une aristocratie d'experts et de technocrates. Nous n'avons plus aucune prise sur cette entité à tendance impériale. Le projet n'est pas de nous et nous avons remis notre pouvoir de l'amender à des élus qui nous ont trahi.

Un autre monde sans nous pointe sous notre désarroi, un monde brun auquel nous allons peut-être confier notre vide, notre irresponsabilité, auquel nous allons demander la puissance compensatrice de notre impuissance. Ainsi, notre incompétence sera manifeste, une nouvelle fois. Une nouvelle fois, nos illusions périront sous le bruit des bottes pour notre malheur.

Notre incompétence n'est pas sans fin

Notre démocratie se meurt, inutile de prolonger sa vie dans des souffrances qui sont les nôtres. Liquidons-la par l'abstention générale, ne nourrissons pas la mourante, n'alimentons pas les prédateurs en leur donnant le pouvoir de nous dévorer. Boudons les jeux du cirque et vidons l'audimat. Urnes et audimat vides, il ne restera que nous avec nous, obligés de nous parler sans que rien interfère, nous avec nous pour dire ce que nous sommes et ce que nous voulons être ensemble; nous avec nous pour devenir des citoyens de l'an I.

Couverture : Goya - Le sommeil de la raison - 1797/1798 - Graphique